TABLEAUX ANCIENS

DE

L'ÉCOLE FRANÇAISE

LANCRET, VESTIER, ETC.

TRÈS BEAU PORTRAIT DE DROUAIS LE FILS

BEAUX OBJETS D'AMEUBLEMENT

Sièges couverts en Tapisseries de Beauvais et d'Aubusson, époque Louis XVI

REMARQUABLES BRODERIES DU XVIIIᵉ SIÉCLE, DONT UN PANNEAU AU POINT REFENDU

(DERNIERS MOMENTS DE JANE GREY)

VENTE HOTEL DROUOT, SALLE N° 8

Le Samedi 6 Février 1886

A TROIS HEURES ET DEMIE

EXPOSITION LE VENDREDI 5 FÉVRIER

DE UNE HEURE ET DEMIE A CINQ HEURES

Mᵉ BOULLAND

COMMISSAIRE-PRISEUR

26, rue des Petits-Champs

POUR LES TABLEAUX :	POUR LES OBJETS D'ART
MM. HARO FRÈRES	**M. EUG. SORTAIS**
PEINTRES-EXPERTS	EXPERT
rue Visconti, 14, et rue Bonaparte, 20	rue des Capucines, 23

1886

1909. — BOURLOTON. — Imprimeries réunies, A, rue Mignon, 2, Paris.

CATALOGUE

DE

TABLEAUX ANCIENS

DE

L'ÉCOLE FRANÇAISE

LANCRET, VESTIER, ETC.

TRÈS BEAU PORTRAIT DE DROUAIS LE FILS

BEAUX OBJETS D'AMEUBLEMENT

Sièges couverts en Tapisseries de Beauvais et d'Aubusson, époque Louis XVI

BEAU MEUBLE EN BOIS NOIR A PANNEAUX DE LAQUE

CONSOLES EN BOIS SCULPTÉ

REMARQUABLES BRODERIES DU XVIIIe SIÈCLE DONT UN PANNEAU AU POINT REFENDU

(DERNIERS MOMENTS DE JANE GREY)

POTICHES ET ANCIENNES PORCELAINES DU JAPON

VENTE HOTEL DROUOT, SALLE N° 8

Le Samedi 6 Février 1886

A TROIS HEURES ET DEMIE

EXPOSITION LE VENDREDI 5 FÉVRIER

DE UNE HEURE ET DEMIE A CINQ HEURES

Me BOULLAND

COMMISSAIRE-PRISEUR

26, rue des Petits-Champs

POUR LES TABLEAUX :	POUR LES OBJETS D'ART :
MM. HARO FRÈRES	**M. EUG. SORTAIS**
PEINTRES-EXPERTS	EXPERT
rue Visconti, 14, et rue Bonaparte, 30	rue des Capucines, 23

1886

D 5412

CONDITIONS DE LA VENTE

Elle sera faite au comptant.

Les acquéreurs payeront *cinq pour cent* en plus du prix d'adjudication.

TABLEAUX

DROUAIS (François-Hubert)

(1727-1775)

1. — Portrait de dame époque Louis XV.

Vêtue d'un charmant costume de taffetas bleu avec dentelles, les cheveux poudrés, un ruban bleu autour du cou, elle est représentée assise, étudiant sa musique et plaquant des accords sur un piano à deux claviers. Vue de trois quarts, elle regarde le spectateur. Sa physionomie aimable et spirituelle, ses yeux interrogateurs sont rendus avec autant de bonheur que de talent par Drouais, le portraitiste renommé des beautés du temps, dont il traduisait à merveille les grâces et les minauderies.

Le nom du personnage est encore une énigme ; est-ce Mme Favart ou une autre actrice célèbre de l'époque ?

Cette ravissante peinture est sur sa vieille toile et n'a jamais été restaurée.

Signé sur le bois du piano *Drouais le fils*, 1757.

Toile. — H., 0^m,81. L., 0^m,65.

LANCRET (NICOLAS)

(1690-1743)

2. — La Musette.

Gravée par Silvestre Le Moine.

Au-dessous de la gravure, on lit les vers suivants :

Que le cœur d'un amant est sujet à changer, Il se voit reprocher son infidélité
    Vous le voyez par ce berger.   Sans en être dérouté.
Il n'avait autrefois des yeux que pour Silvie, Épris d'un autre objet, ce n'est plus qu'à Lisette
Maintenant elle marque en vain sa jalousie. Qu'il adresse aujourd'hui les sons de sa musette

T. — H., $0^m,14$. L., $0^m,27$.

LANCRET (Nicolas)

3. — Le Baiser.

Gravé par L. Silvestre.

Au-dessous de la gravure, on lit les vers :

D'un baiser que Tyrsis caché dans ces beaux lieux
Subtilement a su ravir à sa bergère,
C'est en vain qu'elle veut lui montrer sa colère :
Son amant moins timide en est plus glorieux.

Sa compagne et Damon, cette grotte et ces bois,
Tous contre sa fierté conspirent à la fois.
Une Belle à l'écart qui se laisse surprendre,
Quoi qu'elle puisse faire, a peine à se défendre.

Pendant du précédent.

T. — H., 0ᵐ,40. L., 0ᵐ,26.

VESTIER (Antoine)

4. — Portrait de dame.

Elle est représentée vue en buste, tournée vers la gauche, vêtue d'une robe violette à rayures vertes ; autour du cou un fichu et sur la poitrine une rose : dans les cheveux poudrés un ruban blanc.

Signé à gauche et daté 1792.

Forme ovale.

T. — H., 0^m,63. L., 0^m,52.

VESTIER (Antoine)

5. — Portrait d'homme.

Il est représenté en buste, tourné vers la droite, vêtu d'un habit marron à raies bleues, les cheveux poudrés : autour du cou pend un médaillon représentant en miniature le portrait de sa femme.

Pendant du précédent.

Forme ovale.

Signé à droite et daté 1792.

T. — H., 0^m,63. L., 0^m,52.

VESTIER (Antoine)

6. — Petite fille dans son berceau.

Peinture de la fin du dix-huitième siècle.

T. — H., 0^m,58. L., 0^m,72.

ÉCOLE FRANÇAISE

7. — Portrait de Louise-Adélaïde d'Orléans, abbesse de Chelles, deuxième fille de Philippe, petit-fils de France, duc d'Orléans, régent du Royaume.

Elle est représentée debout, en costume d'abbesse, avec manteau garni de fourrures ; de grands rideaux entr'ouverts, laissent apercevoir les galeries du cloître.

La tête fort jolie est peinte, ainsi que les mains et les accessoires, avec beaucoup de délicatesse. Dans une gravure publiée par Desrochers, représentant l'abbesse de Chelles, on lit les vers suivants :

Joindre dans un grand monastère
L'humilité, la foi, la piété sincère
A tout l'éclat d'un sang de splendeur revêtu,
C'est y tenir la préséance
Plus par le droit de la vertu
Que par le droit de la naissance.

(GACON.)

T. — H., 0^m,91. L., 0^m,72.

INGRES

8. — Esquisse pour le tableau de l'Antiope.

B. — H., 0^m,22. L., 0^m,36.

OBJETS D'AMEUBLEMENT

9. — **Beau canapé** en bois sculpté et doré avec guirlandes de roses, couvert de tapisseries de
Beauvais de l'époque Louis XVI. Le dossier
représente une scène des aventures de Télé-
maque :

> Les nymphes de Calypso, persuadées par l'Amour, brû-
> lent le vaisseau qui doit servir au départ de Télémaque ;
> ce que voyant le sage Mentor précipite Télémaque à la
> mer et s'y jette avec lui.
>
> (Livre VII.)

Le siège formant coussin représente des
oiseaux et des fleurs.

Longueur, 1^m,90.

10. — **Trois fauteuils** en bois sculpté et doré avec
mêmes guirlandes, recouverts également en
tapisseries de Beauvais de l'époque Louis XVI.
Les dossiers sont à personnages, les sièges à
animaux.

11. — Joli petit canapé à marquise en bois doré et
sculpté, couvert de tapisseries d'Aubusson de
l'époque Louis XVI. Le dossier et le siège
formant coussin représentent des nids d'oiseaux, des bouquets de fleurs et de feuillages
et des guirlandes de roses.

Longueur, 1^m.

12. — Deux fauteuils en noyer sculpté, couverts en
tapisserie d'Aubusson de l'époque Louis XVI
à sujet d'oiseaux et de fleurs.

13. — Écran en bois sculpté et doré, garni d'une tapisserie d'Aubusson Louis XVI représentant une
scène pastorale surmontée d'un médaillon avec
chiffre entouré d'une guirlande de roses.

14. — Fauteuil de bureau canné en bois doré et
sculpté. Style Louis XVI, avec coussin en ma-
roquin.

15. — Remarquable meuble rectangulaire en bois noir
de style Louis XVI, orné de fines ciselures de
bronze doré représentant des enroulements,
des guirlandes de fruits et des amours. Les
panneaux sont en laque à sujet d'oiseaux et
d'animaux sauvages : le dessus est en marbre
griotte.

H., 1^m,30. L., 1^m,20.

16. — DEUX JOLIES CONSOLES en bois sculpté, doré et peint avec guirlandes de fleurs. Époque fin Louis XVI avec dessus de marbre brèche violette.

H., 0m,95. L., 1m,15.

17. — DEUX CANDÉLABRES en bronze ciselé et doré, de style Louis XVI, à trois lumières. Les pieds sont à griffes et surmontés de guirlandes de fleurs. Le haut forme brûle-parfums.

18. — GARNITURE en ancienne porcelaine du Japon à décor bleu rouge et or, composée de cinq pièces, trois potiches et deux cornets.

19. — DEUX VASES forme balustre en ancienne terre de Chine émaillée, décor noir et or. Époque Louis XIV.

20. — POTICHE en ancienne porcelaine du Japon à pans avec médaillons et décors bleu, rouge et or.

21. — TRÈS BELLE HARPE LOUIS XVI décorée de peintures et dorures de l'époque, en or de couleurs différentes, à sept pédales.

Signée Wolter.

BRODERIES

22. — **BELLE DÉCORATION DE DAIS** en soie et satin crème avec riches ornements brodés représentant des fleurs, fruits, corbeilles et personnages. Époque de Louis XIV. Composée de :

1° Deux grands rideaux ;

> Longueur, 3^m,50.

2° Un lambrequin ;

3° Six housses de fauteuils d'apparat avec sujets divers ;

4° Quatre cartouches à sujets mythologiques ;

5° Quatre morceaux formant plafond ;

6° Huit morceaux bras de fauteuils.

> Cette décoration a appartenu à la reine Marie Leczinska. Ce lot pourra être divisé.

23. — **REMARQUABLE PANNEAU EN BRODERIE** au point refendu représentant : « Les derniers moments de Jane Grey. »

> Travail du dix-huitième siècle.

> Jane Grey est à genoux devant un prie-Dieu ; derrière elle est assis un moine, qui semble chercher à la convaincre ; au fond, se tient le bourreau.
> Cette pièce est unique dans l'histoire de la tapisserie et de la broderie : les personnages, les costumes, les moindres détails, sont d'une expression et d'une reproduction merveilleuses.

> H., 2^m,05. L., 2^m,30.

1909. — BOURLOTON. — Imprimeries réunies, A, rue Mignon, 2, Paris.